국제PEN한국본부
창립70주년기념 시인선
16

푸르름 한 줌

안혜초 시집

International PEN-Korea Center **pen**

국제 PEN 헌장

국제PEN은 국제PEN대회 결의에 따라 다음과 같이 헌장을 선포한다.

1. 문학은 각 민족과 국가 단위로 이루어지나, 그 자체는 국경을 초월하여 그 어떤 상황 변화 속에서도 국가 간의 상호 교류를 유지해야 한다.

2. 예술 작품은 인간의 보편성에 바탕을 두고 길이 전승되는 재산이므로 국가적 또는 정치적 권력으로부터 간섭을 받아서는 안 된다.

3. 국제PEN은 인류 공영을 위해 최대한의 영향력을 발휘해야 하며 종족, 계급 그리고 민족 간의 갈등을 타파하는 동시에 전 세계 인류가 평화롭게 살아갈 수 있다는 이상을 실현하기 위하여 최선을 다해야 한다.

4. 국제PEN은 한 국가 안에서나 또는 세계 여러 나라에서 사상의 교류가 상호 방해 받지 않는다는 원칙을 준수하며, PEN 회원들은 각자 국가나 지역사회에서 어떤 형태로든 표현의 자유를 억압하는 데 반대할 것을 선언한다. 또한, PEN은 출판 및 언론의 자유를 주창하며 평화시의 부당한 검열을 거부한다. 아울러 PEN은 정치와 경제의 올바른 질서를 지향하기 위해 정부, 행정기관, 제도권에 대한 자유로운 비판이 필수적이고 긴요하다는 사실을 확신한다. 이와 함께 PEN 회원들은 출판 및 언론 자유의 오용을 배격하며, 특정 정치 세력이나 개인의 부당한 목적을 위해 사실을 왜곡하는 언론 자유의 해악을 경계한다.

   이러한 목적에 동의하는 모든 자격 있는 작가들, 편집자들, 번역가들은 그들의 국적, 언어, 종족, 피부 색깔 또는 종교에 관계없이 어느 누구라도 PEN 회원이 될 수 있다.

(사)국제 PEN 한국본부 연혁

국제PEN본부는 1921년에 창립되어 2023년 3월 현재 145개국 154개 센터가 회원으로 가입돼 있는 세계적인 문학단체이다. 국제PEN본부는 영국 런던에 본부를 두고 있으며 특히 UN 인권위원회와 유네스코 자문기구로 현재 전 세계 문인, 번역가, 편집인, 언론인들의 표현의 자유를 옹호하고 인권 문제를 다루고 있는 단체이다.

한국PEN은 1954년 9월 15일 변영로·주요섭·모윤숙·이헌구·김광섭·이무영·백철 선생 등이 발기하여 같은 해 10월 23일 당시 서울 소공동 소재 서울대학교 치과대학 강당에서 창립총회를 열고 국제펜클럽한국본부로 공식 출범하였다. 국제펜클럽한국본부는 그 이듬해인 1955년 6월 비엔나에서 열린 제27차 세계대회에서 정식회원국으로 가입하고 그해 7월에 인준을 받아 오늘에 이르렀으며 2022년 3월 현재 회원 수는 4,000여 명이다.

(사)국제PEN한국본부(International PEN Korea Center)는 역사와 권위를 자랑하는 국제적 문학단체로서 회원들의 양심과 소신에 따른 저항권과 표현의 자유를 옹호하고 구속 작가들의 인권문제를 다루며 한국의 우수 문학작품을 번역,

세계 각국에 널리 알리고 우리 민족의 고유문화와 전통문화 등을 해외에 소개하는 한편 세계 각국과 문화 교류 및 친선을 도모하는 데 주도적 역할을 담당하고 있다.

1954. 10. 23.	국제펜클럽한국본부 창립
1955.	제27차 국제PEN비엔나대회에서 회원국 가입
	『The Korean PEN』영문판 및 불어판 창간
1958.	국내 최초 번역문학상 제정
1964.	PEN 아시아 작가기금 지급(1970년 제6차까지)
1970.	제37차 국제PEN서울대회 개최(60개국 참가)
1975.	『PEN뉴스』창간. 이후 『PEN문학』으로 제호 변경
1978.	한국PEN문학상 제정
1988.	제52차 국제PEN서울대회 개최
1994.	제1회 국제문학심포지엄 개최
1996.	영문계간지 『KOREAN LITERATURE TODAY』창간
2001.	전국 각 시도 및 미주 등에 지역위원회 설치
2012. 9.	제78차 국제PEN경주대회 개최
2015. 9.	제1회 세계한글작가대회 개최
2016. 9.	제2회 세계한글작가대회 개최
2017. 9.	제3회 세계한글작가대회 개최
2018. 11. 6~9.	제4회 세계한글작가대회 개최
2018. 8. 22.	정관개정에 의해 국제PEN한국본부로 개명
2019. 2.	PEN번역원 창립
2019. 11. 12~15.	제5회 세계한글작가대회 개최
2020. 10. 20~22.	제6회 세계한글작가대회 개최
2021. 11. 2.~4.	제7회 세계한글작가대회 개최
2022. 11. 1.~4.	제8회 세계한글작가대회 개최

국제 PEN 한국본부 창립 70주년 기념 선집을 발간하며

    국제PEN한국본부는 1954년에 창립되고 이듬해인 1955년 6월 오스트리아의 빈에서 열린 제27차 국제PEN세계대회에서 회원국으로 가입되었다. 초대 이사장은 변영로 선생이 맡고 창립을 주선했던 모윤숙 시인이 부이사장을 맡았다. 이하윤, 김광섭, 피천득, 이헌구 등과 함께 창립의 중심 역할을 했던 주요섭이 사무국장을 맡았다.

    6·25한국전쟁이 휴전된 지 겨우 1년이 되는 시점에 이루어 낸 국제PEN한국본부의 창립은 매우 깊은 의미를 담는 거사였다. 그동안 국제PEN한국본부는 세 차례의 국제PEN대회와 8회의 세계한글작가대회를 개최하며 수많은 국내외 행사를 주최해 왔다. 이에 내년 2024년에는 창립 70주년을 맞이하게 되어 그 기념사업의 일환으로 PEN 회원들의 작품 선집을 발간하기로 하였다.

    여러 가지 기념사업을 진행하지만 회원들의 주옥같은 작품집을 선집으로 집대성하여 남기는 일은 가장 중요하고 의미 있는 일이라 생각한다.

　시와 산문으로 구성되는 선집은 우리 한국문학사의 중요한 족적을 남기는 귀중한 역사 자료로서의 가치를 갖게 되리라고 믿으며 겸허한 마음으로 70주년을 자축하는 주요 사업으로 진행하게 된다.

　참여해 주신 회원들께 감사하며 어려운 여건 속에서도 기꺼이 출판을 맡아 준 기획출판 오름의 김태웅 대표와 도서출판 교음사의 강병욱 대표에게 심심한 감사를 드린다.

2023년 10월

국제PEN한국본부 이사장 김용재

시인의 말

詩를 사랑하는 모든 이들에게

  삶과 꿈을 가꾸는 詩의 집 한 채를 여덟 번째로 정성껏 만들어냅니다.
  2013년 11월, 『詩쓰는 일』에 이어 꼭 10년 만이기에 그만큼 감회도 깊고 조심스럽기도 합니다.
  일곱 번째 시집 이전까지만 해도 평균 5년쯤이면 시집 한 권의 분량이 되곤 했는데 10년 가까이 病苦에 시달리는 등 이런저런 늦어질 만한 사연이 있다할지라도 한 켠 자책감이 들기도 합니다마는, 여기 태어난 詩들은, 한 편 한 편 더러는 눈물겹기도 한 意志의 소산물입니다.

  일 년에 몇 편을 태어나게 했건 간에 시인은 늘 시와 함께였습니다. 시와 함께 깨어나고 일하고 오가며 시와 함께 웃고 울며 아파했습니다. 詩의 어미로서 순산이건 난산이건 이 세상에 태어나 햇빛을 보게 된 나의 詩 한편 한편에게 뜨거운 축하의 입맞춤을 보냅니다.

무엇보다 먼저 저를 이 세상에 태어나게 하시고 이제까지 지켜주시고 돌봐주시는 주 하나님의 무한하신 은총에 무한 감사드리면서, 첫 손녀라 하여 '첫 은혜'라는 뜻의 惠初라는 이름을 지어주신 저의 친조부님 民世 안재홍(일제하 민족지도자, 언론인, 사학자) 靈前에, 그리고 7남매를 낳아 키우시느라고 시인의 꿈을 이루지 못하신 채 하늘나라에 가 계신 어머님과 그리도 아끼고 사랑하시던 문학소녀, 이 딸의 제1회 추천시가 실린 현대문학 67년 11월호를 66년 12월 크리스마스 선물인 양 사들고 오셔서 기꺼워 어쩔 줄 몰라 하시던 하늘나라 그 아버님께 이번 시집도 제일 먼저 고이고이 안겨드립니다.

    그리고 마지막으로

    그간 세월 알게 모르게 도움이 되어주신 그 모든 분들게 이 자리를 빌려 진심으로 감사드립니다.

2023년 늦가을 지은이 안혜초

차례

국제PEN헌장
(사)국제PEN한국본부 연혁
국제PEN한국본부 창립 70주년 기념 선집 발간사

008 _ 시인의 말 / 詩를 사랑하는 모든 이들에게

1부 _ 새해 첫 편지

- 019 _ 해 그리고 달
- 020 _ 보름달 열두 개
- 021 _ 새해 첫 편지
- 023 _ 푸르름 한 줌
- 026 _ 시간은 이제
- 027 _ 바로 이 순간
- 028 _ 목숨
- 030 _ 고백
- 031 _ 그냥 지금 이대로
- 032 _ 詩의 어미
- 033 _ 시덥지 않은 사람

2부 _ 옹알이

037 _ 둘이 한곳을 바라보며
038 _ 옹알이
039 _ 아가는 당당하다
040 _ 실연
041 _ 날개 그리고 뿔
042 _ 작은 못 하나
043 _ 초승달이 윙크를 하네
044 _ 고구마와 장미
045 _ 아욱국
046 _ 오빠가 사라졌다
047 _ 아버지의 나이

3부 _ 나무는 일년내내 시를 쓴다

051 _ 나무는 일년내내 시를 쓴다
052 _ 꽃이 바람에게
053 _ 키 큰 해바라기에게
054 _ 비, 그리고
           상추, 쑥갓, 오이
056 _ 녹음 첩첩 1
057 _ 녹음 첩첩 2
058 _ 녹음 첩첩 3
059 _ 8월의 노래
060 _ 가을바람 납신다
061 _ 저 나무들 미쳤나봐

4부 _ 사랑이란 날개로

065 _ 마스크 꽃
066 _ 거리두기
068 _ 사랑이란 날개로
070 _ 즐거운 주방아줌마
072 _ 머리카락을 자른다
073 _ 정전停電
074 _ 그대
075 _ 그 친구

5부 _ 그대만의 향기

079 _ 방끗 웃는 혜초꽃
080 _ 그대만의 향기
081 _ 누에 日記
082 _ 그 여자의 아침
084 _ 잠에 대하여
085 _ 개에게 미안하다
086 _ 사람에게 죄송합니다

6부 _ 늦기 전에

091 _ 모란꽃을 만나다
092 _ 하얀 나비
094 _ 바다를 생각하며
096 _ 8월에 우리는
099 _ 활화산
100 _ 수박을 쪼개며
102 _ 늦기 전에

1부

새해 첫 편지

몸이 조금 아프다고
쉬이 주저앉지 말기
일이 잘 풀린다고
마냥 좋아하지 말며
되는 일이 별로 없다고
자주 울적해 말기

해 그리고 달

해는 달을 품어서
동트는 아침을 만들 수 있고

달은 해를 품어서
어두운 밤을
환히 밝힐 수 있네

보름달 열두 개

달이 해와 만나
하나가 되려면
보름달이 되려면
꼬박 한 달이 걸리지요

한 달이 두 달
세 달이 네 달

그렇게 열두 개의
보름달이 탄생되어야만

비로소 새해를
맞이하게 되는 거지요

새해 첫 편지

몸이 조끔 아프다고
쉬이 주저앉지 말기
일이 잘 풀린다고
마냥 좋아하지 말며
되는 일이 별로 없다고
자주 울적해 말기

지금 이 순간에도
숨이 넘어가는 목숨이 있고
새로 태어나는 생명이 있을지니

이만큼이나 건강하게
살아있다는 사실만으로도
우린 얼마나 행복한가
우린 얼마나 감사한가

오늘도 후회 없는 하루이기를
사랑과 공의가 승리하는 한 해이기를
첫 새벽, 정화수 한 사발 되어
간절히 기도드린다

나라 걱정으로 무거워진 나날 속에서
가정과 이웃과 겨레와
지구촌의 평안을 위해

푸르름 한 줌

1.
어떻게 떨구어진 풀씨였을까
누구의 손길에 의한 풀씨였을까
앞으로 뒤로 옆으로 위로
가도 가도 보이는 것은 오직
석회용암으로 빚어진 돌기둥과
돌고드름 돌벽천지의
워싱턴 근교 루레이동굴….
지구촌 동굴 중에서 으뜸으로
크고도 볼거리가 많다는
기기묘묘 기기묘묘
황홀하고도 신비스럽기
그지없는 대자연의 축제
사람의 솜씨로는 도저히
흉내 낼 수 없는 또 하나
신神의 경이로운 걸작품….
천년만년 그 모습 그대로
죽어서 죽어서 침묵으로
웅변하고 있는 태고 이래의
아우성에 나 또한 현기증이
날 듯 말을 잃어 가는데
저것 봐! 남편이 가리키는

손가락 저 끝에 파릇파릇
푸르름을 더 해가고 있는
풀잎 한 무더기!

2.
어디서 스며나온 물기였을까
누구에 의한 물이었을까
방울 방울 신神의 땀방울로
다져진 듯한 둥그러운
쟁반 크기의 바위구덩이에
한줄기 인공형광등 불빛이
따스로이 따스로이 감싸안고
만들어 내는 그 눈물겹도록
갸륵한 새싹키우기!
눈부신 생명의 작업!
사람들은 그런 걸 가리켜
희망 또는 소망이라
일컬음 하곤 하느니
이십 년이 더 되어가는
해와 달 사이
바람과 구름 사이

내 가슴속 깊깊이
아직도 시들지 않은 채
파릇파릇 피어나곤
하는 푸르름 한 줌!

시간은 이제

나이 점점 이슥해가며

시간은 이제 황금보다
귀한 목숨이라네

시간을
내어주는 거야말로
그 무엇에 비할 바 없는
소중한 사랑의 선물이라네

아무렴 아무렴
햇살도 바람도
고개를 끄덕거리네

바로 이 순간

그렇지요 그럼

이 세상에서 가장 귀한 건
누구에게나
하나밖에 없는
목숨이지요

아프거나 아프지 않거나
기쁘거나 기쁘지 않거나
그래도 진정
그분께 감사드려야 하는
살아있음으로
눈부신 바로 이 순간 !!

목숨

주신 목숨을
내가 내 목숨이라고 하여
내 마음대로
끝내 버릴 수는 없다
던져 버릴 수도 없다

구름산 첩첩
노오랗게 핑핑
도는 하늘
거센 물결 콱콱
숨통 조여 온다 해도
기도해야 한다
일어서야 한다

너는 내 것이다
너는 내 것이다

구속의 그 은혜 그 말씀
가슴 깊깊이 새기면서

주신 목숨
천명이 다하는
마지막 그 숨결까지
기도해야 한다
일어서야 한다

하늘이 무너져도
솟아날 구멍이 있다고
하였으니

고백

이제 나이 팔십이
넘었음에도 나는
아직 내가 바라는 어른이
되지 못하고 있습니다.

내가 바라는 내가
내가 바라는 시인이
되지 못하고 있습니다.

내가 내 스스로에게도
숨기고 싶은
비밀입니다.

그냥 지금 이대로

나는 이제 더 이상
세상 밖으로는
높아지고 싶지 않습니다.
넓어지고 싶지도
않습니다.

그냥 지금 이대로
내 안으로 내 안으로
깊어지고
싶습니다.

사랑하고만 싶습니다.

詩의 어미

이전에는 그랬지요
시는 내게 있어
숙적 같은 연인이노라고
평생을 두고
사랑하긴 하면서도
결혼만큼은
하고 싶지 않은

이제 와선 그러지요
나도 어쩔 수 없는
시의 어미이노라고
이미 태어나게 한
시들 뿐만 아니라
아직 태어나지 않은
나의 모오든 시들의

시덥지 않은 사람
- 웃고 싶어서

그러셨다는군요

창조주께서 사람을 만드실 때
Poem이라고 하셨다는군요

詩처럼 살라
하시면서요

그래서 시처럼 살지 못하는
사람을

시답지 못한 사람
시덥지 못한 사람이라고

말하게 되는 건지요.

2부

옹알이

- 옹알 옹알 옹알
 (그래 그래 우리아가
 네 안에서 봄이 오는 소리가
 들리는구나)

둘이 한곳을 바라보며

이제는 몸도 맘도 하나이려니
이제는 하늘도 땅도 하나이려니

눈비에는 서로 서로 우산이 되어주고
땡볕에는 서로 서로 그늘이 되어주고

둘이 함께 새봄을 만들어 가거라
둘이 함께 웃음을 만들어 가거라

둘이 언제 어디서나 한곳을 바라보며
둘이 언제 어디서나 한곳을 바라보며

– 결혼하는 아들 부부를 위해

옹알이

갓 태어나 이제 백일이 지난
손주 아기가 할머니 품에 안겨
눈맞춤을 하며 무어라
연신 옹알거린다

- 옹알 옹알 옹알
  (그래 그래 우리아가
   오늘이 정월대보름날이란다)

- 옹알 옹알 옹알
  (그래 그래 우리아가
   달님도 보구싶구
   햇님도 보구싶구
   별님들도 보고싶다구?)

- 옹알 옹알 옹알
  (그래 그래 우리아가
   네 안에서 봄이 오는 소리가
   들리는구나)

아가는 당당하다

아가는 당당하다

배가 고프다고 졸립다고
어디가 아프다고

응아 응아 응아

오줌을 싸겠다고
응가를 했다고

응아 응아 응아

하나님이 그렇게
만드셨다

실연

나이 칠십여 세에
한바탕 또 실연을 하였다

이제 겨우 두 돌도 안 된
우리집 복동이 손자 아가

눈을 맞추려고 앨 써 봐도
연신 시선을 딴 데 두고

뽀뽀를 하려고 앨 써 봐도
연신 고개를 돌려버린다

하건만, 어쩌랴
이래도 저래도

그저 이쁘기만 한 걸
그저 귀엽기만 한 걸

날개 그리고 뿔

이봐요
내 어깨 양쪽이
자꾸 근질근질 날개가
솟아나오려나 봐요
내 안에 쌓이고 쌓인
착하고 아름답고
사랑스러운 꽃잎들이 더이상 쌓일 데가 없어
천사의 날개로
솟아나오고 있나봐요

이봐요
내 머리 양쪽이
자꾸 근질근질 뿔이
솟아나려나 봐요
내안에 쌓이고 쌓인
추하고 사악하고
밉상스러운
응어리들이
더 이상 쌓일 데가 없어
악마의 뿔로
솟아나오고 있나 봐요

작은 못 하나

기도하세요
그대 가슴에 깊이 박힌
작은 못 하나, 대못이 되지 않게
날 선 칼이 되지 않게
기도하세요
기도하세요
믿음으로 승리하세요

초승달이 윙크를 하네

믿었던 도끼에
발등을 살짝 찍힌
그 담날 초저녁
울적한 심사로
우리 아파트 현관문 밖의
돌층계를 내려서다가
어느 순간 눈길이 끌리어 간
건너편 나뭇가지에서
초승달이 윙크를 하며
속삭여 주네

까짓거 털어버리라구
기분 좋은 일
즐겁고 행복한 일들을
생각하기에도

우리네 하루하루는 너무
짧은 게 아니냐구

고구마와 장미

고구마를 먹으며
장미를 생각한다

고구마는 몸에 좋지만
장미는 마음에 좋다

누군가에게
고구마도
되고 싶고
장미도
되고 싶은

초여름의 식탁

아욱국

- 무슨 국을 제일 좋아하세요?
- 아욱국. 어머니가 끓여주시던
  구수한 아욱국을요
- 한겨울 식탁인데, 아욱국 생각이
  제일 먼저 떠오르시다니
  어머님의 아욱국 끓이시는 솜씨가
  이만저만이 아니셨나 봐요

언제 어디서 누구하고였던가

제철 맞은 아욱 한 다발을
사들고 오며 아스라한 기억 하나
풋내나는 미소되어 피어오른다

오빠가 사라졌다

답답한 일이 생기면
종종 하던 그대로
오빠네 전화번호를
누르려다가 슬그니
손길을 거둔다

오빠는 이제
이 세상에 없잖아

아버지의 나이

남자 58세는
내게 있어선 아버지의 나이

아버지가 지상에서
하늘나라로
가버리신 나이

그래서 나에게는
아버지의 마지막 나이
지상에서의 마지막 나이

3부
나무는 일년내내 시를 쓴다

그래로 그분께
감사드려야 한다고
그래도 세상은
살아 볼만한 거라고

따사로운
햇살 속에서나
후려치는
비바람 속에서나

나무는 일년내내 시를 쓴다

나무는 일년내내
시를 쓴다
잎으로
    꽃으로
        열매로

봄에도 여름에도 가을에도
시를 쓰지만
겨울에도 뿌리로 쉬임 없이
시를 쓴다
생명의 시
    사랑의 시
        소망의 시

꽃이 바람에게

나의 몸은
늘 이렇게 한자리에
뿌리 박혀 있지만요

나의 맘은
늘 그렇게 벌 나비 따라
구름이며 바람 따라
어디든지 가지요

키 큰 해바라기에게
- 키 작은 꽃 하나가

이 가을 나는 한 송이
해바라기가 되고 싶어요

한 송이 해바라기로
쑤욱 쑥 키가 자라나
당신만큼이나 그렇게
쑤욱 쑥 키가 자라나

당신과 나란히
어깨를 맞대이고
마음껏 소곤거리고 싶어요

눈과 눈을 마주치며
가슴과 가슴을 열어주며

비, 그리고
상추, 쑥갓, 오이

아침나절 안개가 자욱하더니
오후되며
부슬부슬
비가 되어 내린다

엊그제
재래시장 길목 한구석에
쪼그리고 앉아
상추며 오이, 가지를
파시던 그 할머니의 주름진
미소가 울상으로 떠오른다

그랬을걸
얼마 되지도 않는
야채 한 소쿠리를 그냥
몽땅 사가지고올걸

비가 더 많이
쏟아지기 전에 서둘러
나가봐야겠다

오늘도 나와 앉아 계실까

녹음 첩첩 1

오뉴월의
싱그러운 바람
따사로운 햇살 속에
나날이 더
푸르러져 가는
저 무성한 잎새들

겨우 내내
뿌리 깊깊이
묻어둔
사연들이
하 저리도
많고 많기에

녹음 첩첩 2

꽃 한 번 아름다이
피어내지 못하면서
열매 한 번 탐스러이
맺어보지 못하면서
잎새만큼은 제철 맞아
푸르러이 푸르러이

그래로 그분께
감사드려야 한다고
그래도 세상은
살아 볼만한 거라고

따사로운
햇살 속에서나
후려치는
비바람 속에서나

녹음 첩첩 3

한 송이의 꽃이 되어
피어나기엔
가슴 터지게 하고 싶은
말들이 많아서

한 마리의 새가 되어
노래하기엔
머리 터지게 하고 싶은
말들이 많아서

차라리 소리소리
울부짖어대는
한 마리의 싯푸러운
들짐승이 되어
싯푸러이
아우성처대는
녹음 한 무더기 되어

8월의 노래

바다는
한 마리 거대한
물고기인가

한여름 아침햇살에
금비늘 은비늘
물결마다
펄펄 살아서

생명의 개가를
외쳐댄다
온몸으로 온몸으로
춤을 추어댄다

가을바람 납신다

물렀거라아
가을바람 납신다

내 생애 아마도
가장 기다리고 기다리던
반가운 그 님

무덥고 긴긴
여름 물리치고

가을바람 드디어
납신다

저 나무들 미쳤나봐
- 가을벚꽃

저 벚나무들 미쳤나봐

아직 겨울도 오지 않았는데
벌써 봄이
온줄 아나봐
산들산들
갈바람에 연분홍
꽃웃음
화알짝 활짝
터뜨리며

사랑에 빠졌나봐
가을에 취했나봐

4부
사랑이란 날개로

몸은 떨어져 있어도
우리에겐
마음이 있으니
사랑하는 마음만 있으면
우린
언제 어디선가
사랑의 날개로
만날 수 있지요
    - 코로나 일기

마스크 꽃
- 코로나 일기

우리집 베란다 마른 나뭇가지들에서
날마다 피어나고 있는
하이얀 마스크 꽃송이들
대롱대롱 햇빛을 쏘이며
바람에 흔들리며 수시로
하늘을 우러러 간절히 기도드린다

코로나 바이러스를
어서 어서 물리쳐 주소서
제발 제발 인류를 구원해 주소서

향기는 없을지라도
정녕 고맙기 그지없는
마스크 꽃이여

날개가 되어 날아가거라
나비가 되어 날아가거라
나풀 나풀 훠얼훨
나풀 나풀 훠얼훨
네가 가고 싶은 그 나라
바이러스 없는 그 나라로

거리두기
- 코로나 일기

언제까지인가요
언제까지 이렇게
살아야 하는 건가요
한 달 두 달 세 달
코로나 19에 갇혀서

가진 게 없어서
결혼은
하지 못해도
아이는
갖지 못해도
우리 둘은
뜨겁게 뜨겁게
사랑하고 있는데
하루속히
하나가 되고 싶은데

둘이 손을
꼬옥 잡고
팔에 팔을 감고
초록빛 봄향기에 취해

숲속의 오솔길을
걷고 싶은데
입술과 입술을
포개이며
맘과 몸이 하나가
되고 싶은데

아으, 한 집 안
한 방에서도
자가격리하며
2주간 2미터
거리를 지켜야만 한다는
코로나 형벌이여
    - 젊은 연인들을 생각하며

사랑이란 날개로
- 코로나 일기

몸은 떨어져 있어도
우리에겐
마음이 있으니
사랑하는 마음만 있으면
우리
언제 어디선가
사랑의 날개로
만날 수 있지요
휘얼휠 휘얼휠
날고 날아서
아무리 먼 먼
그곳일지라도
마음으로는 쉬이
만날 수 있지요

그러니 너무 슬퍼 말아요
자꾸
초조해하지도
말아요
그런대로 우리 늘
감사하는 마음

기도하는 마음을
잃지 않고 믿고
또 믿으면
기다리던 그날이
마침내 다가와서
우리, 몸도 맘도
하나 되어 기쁘게
기쁘게 만날 수
있을 테니까요

즐거운 주방아줌마
- 코로나 일기

코로나 팬데믹으로
일 년 가까이 집콕하면서
내게
착실히 늘어난 실력은
아마 음식 만들기 아닐까

무어 요리라고까진 할 건 없어도
그냥 저냥 손쉽게
해먹을 수 있는
집밥 음식들

면역력 높여 준다는
담북장 미역국
감자탕 우럭찌개
빨주노초파남보
칼라푸드 샐러드

단백질 비타민
오메가3 요구르트
열심히 챙겨가며

산뜻한 에이프론에 화사한

헤어스카프
혹여 재채기나
기침이라도 나지 않을까
마스크까지 한 채

좋아하는 음악도
종종 틀어놓고서
팔다리 흔들흔들
몸 풀기 운동
발뒤꿈치 올리고
까치발 걷기

어차피 해야 하는 일
나는야 즐거운
우리집 주방
아줌마

그래요 그래
할머니는 아직 아니고
팔십이 다 되었어도
아직은 즐거운
주방아줌마

머리카락을 자른다
－ 코로나 일기

우아함이
다 무엇이고
세련됨이
다 무엇이냐

살아남으려면
머리카락부터
잘라야 한다
짧게 좀 더 짧게

코로나에 갇혀서
죄인 아닌
죄인으로

머리칼을 자른다

정전停電

그가 나타나자
실내는 갑자기
화안해졌다

그가 사라지자
실내는 다시금
어두워졌다

그대

이젠 기다리지 않아도
어느샌가 내 곁에
다가서는 사람

이젠 생각하지 않아도
어느샌가 내 안에
맴도는 사람

그 친구

한때는
남자친구였다가
또 한때는
남자사람친구로
왔다갔다하던
아드윽한 옛사랑의 그림자

오늘 아침 신문 부고란에
덩그러이 떠올랐네

에이그그, 웃기는
무어 그리 좋다고
저리도 화안히 웃고있는지

머리도 그리 명석하고
글재주도 그리 뛰어나던

친구여 옛친구여
이젠 하늘나라의 반짝이는 별로
영원히 빛나소서

5부
그대만의 향기

詩를 쓰는
그 여자의 아침은
새벽 다섯시 반 쯤이나
오후 두어 시에도
오고
자정의 나뭇잎 떨어지는
소리와 함께
오기도 한다

방긋 웃는 혜초꽃
– 서른 아홉 그 여름 땡볕에

여기가 바닥인가
왜이리 아드윽한가

바닥이라면 차라리
두 다리 주욱 펴고
방끗 웃어버리자

이젠 더 이상
내려가게 될까 봐
내려가게 될까 봐
가슴을 졸이지 않게 되었으니
나이 서른아홉
이제 올라가야 할 날들만
남았으니
그래, 어쩌면 두 배 세 배
올라가야 할 날들만
남았으니

웃자 웃어버리자
웃으면 웃음이 따라오고
하늘도 기꺼이 복에
복을 주시리니
몸도 맘도 온통 웃음꽃으로
활짜기 활짜기 피어나 보자.

그대만의 향기

장미라면
어느 장미라도
그 향내가 비슷하지요

국화 역시
어느 국화라도
그 향내는 비슷하구요

사람은 다르지요
같은 이름이라도
사람은 저마다
그 사람만의
향내를 갖게 되지요

그대만이 갖고 있는
그대만의 향기를

누에 日記

한 마리의 꿈틀대는 누에를 본다
제 스스로의 몸에서 가장 빛나는
햇살을 뽑아내어 제 스스로
들어가 박힐 고치 하나 만들고
그 속에서 나방이로 탈바꿈하여
드디어 소망所望의 날개를 달게 되는

그 여자의 아침

詩를 쓰는
그 여자의 아침은
새벽 다섯시 반 쯤이나
오후 두어 시에도
오고
자정의 나뭇잎 떨어지는
소리와 함께
오기도 한다
길을 걷다가도
오고
밥을 쏟다가도
온다
하루에 두 번 세 번
걸쳐서도 오고
일주일이나 열흘에 한 번
더러는 보름이 지나도 마주칠 듯 마주칠 듯
오지않다가
그렇게
밤밤 낮낮
앓고 또 앓다가
드디어 장마 개이듯

쾌청한 하늘 드높이
온 색깔이
한데 어우러져
저 빛나는 아침햇살

靜止했던 시간이
다시 흐른다

잠에 대하여

지금 잠을 자면
꿈을 꾸지만
지금 잠을 자지 않으면
꿈을 이룰 수 있다

공부벌레들이 모이는
하버드 대학 학생회관에
걸려있는 좌우명이란다

그럴지라도
잠을 자야 할 때
계속 계속
잠을 자지 않으면
꿈을 이루기 전에
목숨을 잃을 수가 있다.

개에게 미안하다

개에게 미안하다

개가 사람에게
무어 그리 잘못한 게 많다구

사람이 개보다
무어 그리 잘하는 게 많다구

개보다 못한 사람이
점점 많아져 가는 세상에

오늘도 가며 오며
예저기서 개새끼 개새끼
소리가 들려온다

사람에게 죄송합니다

컹컹컹 사람에게 죄송합니다
하찮은 강아지 따위가
너무너무 좋은 집에서
너무너무 좋은 음식을 먹으며
너무너무 좋은 침대에서
주인집 아이들과 뒹굴기도 하고
샤워를 하기도 합니다

날씨가 화창하면
주인님 따라 졸랑졸랑
공원 산책을 하기도 하고
멋진 자가용 승용차에 동승하여
여행을 하기도 합니다

그러다가 어느 추운 날
너무너무 불쌍한 사람을 보았지요
주인님의 품에 안겨
지하철 층계를 오르내리다가
지하철 층계 한 귀퉁이에
냄새나고 낡아빠진 얇은
옷차림으로 잔뜩 웅크리고 앉아서

구걸하는 노숙인을 보았지요

주인님은 못 본 체 지나치시고
너무너무 죄송하고
너무너무 불쌍해서
컹컹컹 나는 그만
짖지도 못했지요

6부

늦기 전에

잎은 잎대로
꽃은 꽃대로
열매는 열매대로
뿌리 또한 뿌리대로

나는 누구인가 진정
어떻게 살아야 하는가

모란꽃을 만나다

그것은 우연이었나
아니면 필연이었나

남과 북의 정상이 판문점
「평화의 집」에서 역사적인
만남을 갖고 있던
2018년 4월 27일
바로 그다음 날 오후

광화문 경복궁 뒤뜰에서
연례적인 봄철 시낭송회를 마치고
지역문인들과 줄레줄레 산책하던 중
너도나도 마주치게 된
눈부시도록 아름다운
모란꽃 송이 송이들…

하얀 나비

한 명이라도 더
살아있게만 하소서
어디 한 군데
크게 다친 데 없이
한시 빨리
가족들의 품 안에 안겨주소서
세월호 참사로 인해
봄이 봄 같지 않은
일 주 이 주 삼 주
다시 또
일 주 이 주 삼 주
오늘도 태양은 어김없이
다시 떠오르고
하루하루 점점 더
따사로와지는
무심한 햇살에 이끌리어
아파트 뒷산길을
기도하는 마음으로
잠시 거닐고 있는데
흐느적 흐느적
나풀 나풀 나풀

하얀 나비 한 마리
눈앞 가까이서
맴돌 듯 애처로이
그들 중 누구인 것일까
깊고도 차가운
검푸른 바닷물 속에서
아직도 엄마 아빠를
목 터지게 불러대고 있는
피멍 든 원혼들이여

바다를 생각하며

불로 일어서려는
나의 두 주먹
차근히
잡아 앉히시고

그 크고 너르신
손바닥으로
등을 쓸어주시는 이

불로 일어나
너와 나, 모두를
사루기 보담은

물로 누워
모두를 한 가슴에
보듬게 하시며

때를 잘 살펴야 한다
때를 잘 살펴서
일어서고 나아가야 한다
타일러 주시는

가없이 크고
어지신 이여

8월에 우리는
- 또 한 번의 광복절을 맞으며

8월에 우리는 진정 또
가슴에 손을 얹고
생각해 봐야 합니다

우리는 누구인가 진정 어떻게 살아야 하는가
반만년 역사에 가장 빛나는 자랑거리는 무엇이고
가장 치욕스런 아픔은 무엇인가

8월에 우리는 진정 또
가슴 깊이 감사해야 합니다

빼앗긴 내 나라 내 땅을 되찾기 위해
빼앗긴 내 나라, 내 나라 글, 내 나라 이름을
되찾기 위해 오로지 그 한마음 한뜻으로

옥중의 모진 고문과 협박 앞에서도
꿋꿋이 버텨내시던 자랑스러운 우리의 선열들….

일제하 36년 그 모진 세월을 마침내 이겨내신

우리의 할아버지와 그 아버지들

우리의 할머니와 그 어머니들

8월에 우리는 진정

깨어있어야 합니다

가슴 뜨거이 기도해야 합니다

이제 결코 다시는

그 어느 나라에도 짓밟히지 않기 위해

이제 결코 다시는

이 나라, 이 겨레 한 핏줄끼리

서로서로 총칼을 겨누며

피 흘리지 않기 위해

아, 우리의 소원! 평화 통일을 위해

온세계에 걸쳐 눈과 귀를 열어둔 채

제때제때 보다 작은 것을 비워내게 하시고

나라 밖으로나 안으로나 우리 모두

함께 사는 지혜를 부단히

일깨워 주소서, 하고

대한사람 대한으로

길이 길이 보존케 해주소서, 하고

활화산

참으세요

그러나 너무
오래 참지는 마세요

너무 오래오래
참다 보면

어느 순간
지진이 되어
활화산이 되어

폭발할지도
모르니까요

수박을 쪼개며
– 평화를 위한 기도시

수박 한 통을 반으로
쪼개 그 반쪽을
다시 또 반으로
쪼개려다가 멈칫
손놀림이 무거워진다.
절로 또 하나님 소리가
새어 나온다. 가슴에서
머리에서 뼈마디 마디에서
무슨 일이 일어나지
않게 하소서
무슨 일이 일어나든
두려워 말게 하시고
다시는 또 이 땅이나
지구촌 어디에서든
피 흘리는 전쟁일랑
발발치 않게 하소서
싸워도 끝끝내
입으로 싸우고
가슴으로 머리로
싸우게 하옵소서
보다 큰 나 보다 큰 자유

보다 큰 사랑을 위해
보다 작은 것을
비워 내게 하시고
웃음도 잠시 즐거움도 잠시
이 근심, 이 걱정을
다시 한번 용서하소서
이 나라 이 겨레를
끝까지 지켜 주실 것임을
믿사오며 믿사오며
주의 뜻이 이루어지이다

늦기 전에

잎은 잎대로
꽃은 꽃대로
열매는 열매대로
뿌리 또한 뿌리대로

나는 누구인가 진정
어떻게 살아야 하는가

너도 나도
늦기 전에
깨어나야 합니다
깨어있어야 합니다
가슴 뜨거이 기도해야 합니다

너와 나의
보다 나은 내일
지구촌의 참평화를 위해

국제PEN한국본부
창립70주년기념 시인선 16

푸르름 한 줌

저자 **안혜초**

기획·제작 **국제PEN한국본부** International PEN-Korea Center **pen** | 이사장 **김용재**

발행일 2023년 10월 31일
발행처 기획출판오름 Orum Edition
발행인 김태웅
등록번호 동구 제 364-1999-000006호
등록일자 1999년 2월 25일
주소 대전광역시 동구 대전로 815번길 125
전화 042-637-1486
팩스 042-637-1288
e-mail orumplus@hanmail.net

ISBN _ 979-11-89486-91-4

값 12,000원

· 본 책 내용의 전부 또는 일부를 재사용하려면 반드시 저자의 동의를 얻어야 합니다.
· 지은이와의 협의에 의해 인지는 생략합니다.